SYLLABAIRE

FRANÇAIS,
DIVISÉ PAR SYLLABES,

CONTENANT

Les Principes de la Syllabisation,
les Prières ordinaires,
l'Abrégé des principales Vérités de la Religion,
les Prières pendant la Messe, et la
manière d'y répondre;

AUGMENTÉ

D'UN ABRÉGÉ DE GÉOGRAPHIE,

De Notions instructives et amusantes

POUR LA JEUNESSE,

A l'usage de toutes les Écoles Chrétiennes.

AMIENS, chez **CARON** et **LAMBERT**
Imprimeurs-Libraires de Mgr. l'Évêque,

 ACE DU GRAND-MARCHÉ.

X

La Sainte Vierge.

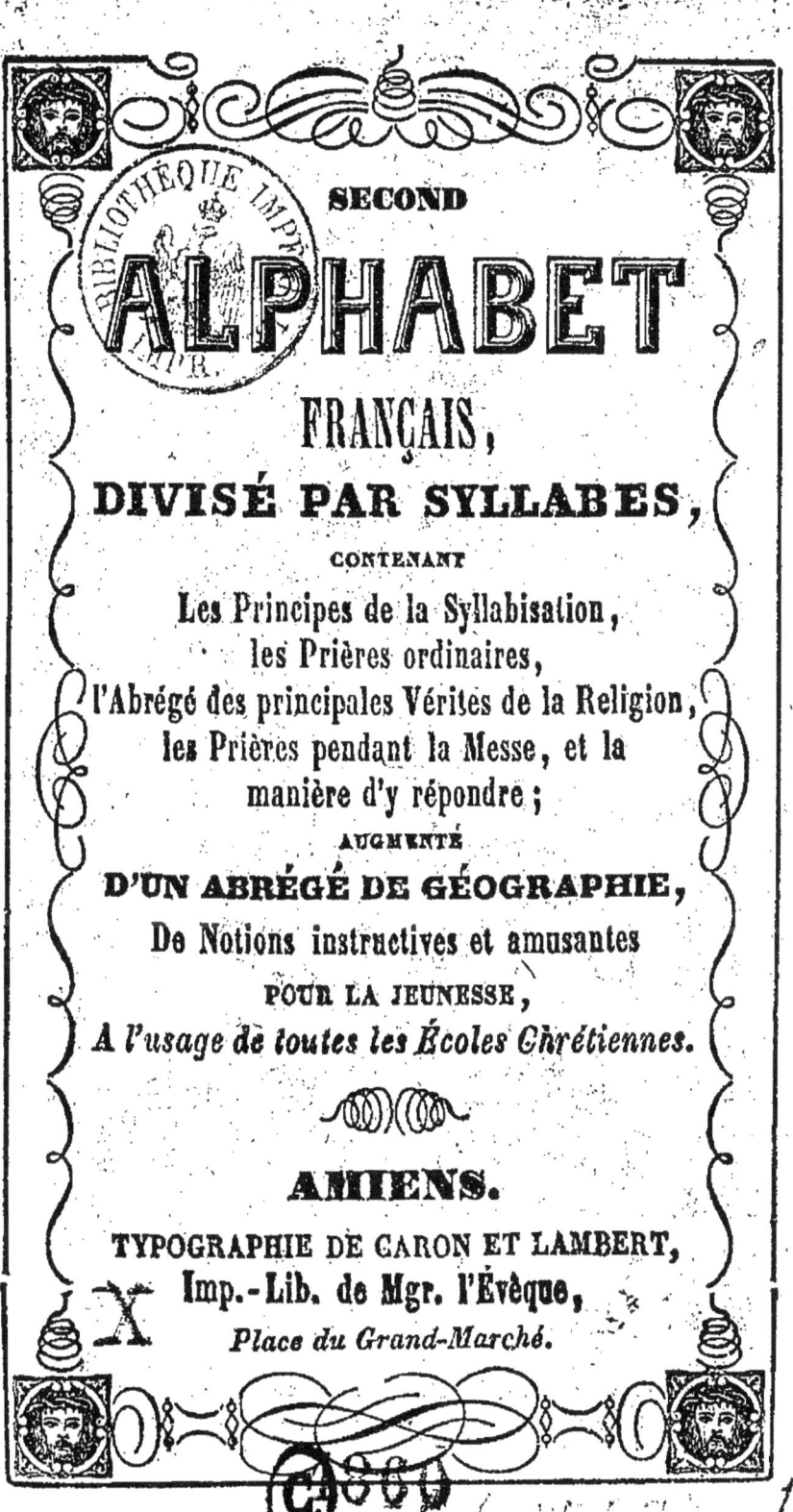

SECOND ALPHABET FRANÇAIS,
DIVISÉ PAR SYLLABES,

CONTENANT

Les Principes de la Syllabisation,
les Prières ordinaires,
l'Abrégé des principales Vérités de la Religion,
les Prières pendant la Messe, et la
manière d'y répondre;

AUGMENTÉ

D'UN ABRÉGÉ DE GÉOGRAPHIE,

De Notions instructives et amusantes

POUR LA JEUNESSE,

A l'usage de toutes les Écoles Chrétiennes.

AMIENS.

TYPOGRAPHIE DE CARON ET LAMBERT,
Imp.-Lib. de Mgr. l'Évêque,
Place du Grand-Marché.

				Prononciation.	
A	a	*a*	*A*		Æ
B	b	*b*	*B*	bé.	æ
C	c	*c*	*C*	cé.	OE
D	d	*d*	*D*	dé.	œ
E	e	*e*	*E*		w
F	f	*f*	*F*	éf.	ffl
G	g	*g*	*G*	gé.	ffi
H	h	*h*	*H*	ache	fl
I i	J j	*i l*	*j J*	i, ji.	ff
K	k	*k*	*K*	ka.	fi
L	l	*l*	*L*	èl.	
M	m	*m*	*M*	èm.	

N	n	*n*	*N* en ne.	• Point.
O	o	*o*	*O*	, Virgule.
P	p	*p*	*P* pé.	; Point et virgule.
Q	q	*q*	*Q* qu.	: Deux points.
R	r	*r*	*R* èr re.	? Point interrogatif.
S	s	*s*	*S* ès se.	! Point admiratif.
T	t	*t*	*T* té.	' Apostrophe.
U	u	*u*	*U*	- Trait d'union.
V	v	*v*	*V* vé.	Ç Cédille.
X	x	*x*	*X* ikce.	ï Tréma.
Y	y	*y*	*Y* igrec.	ë Tréma.
Z	z	*z*	*Z* zaide.	ü Tréma.
				(Parenthèse

EXPLICATION DE L'ALPHABET.

L'Alphabet renferme vingt-cinq lettres qui se divisent en deux sortes : les *Voyelles* ou *sons*, et les *Consonnes* ou *articulations*.

Il y a six voyelles qui sont : *A, e, i, o, u* et *y*. Ces lettres sont appelées *Voyelles* (voix, son), parce que, *seules*, elles représentent distinctement les sons de la voix. On peut les prononcer sans le secours d'aucune autre lettre.

Les autres lettres sont appelées *Consonnes*; elles sont au nombre de dix-neuf : *B, c, d, f, g, h, j, k, l, m, n, p, q, r, s, t, v, x, z.* Le mot consonne signifie *sonnant avec*. Les consonnes n'ont pas de sons par elles-mêmes. On ne peut les prononcer qu'à l'aide d'une voyelle.

On appelle *Syllabe* une ou plusieurs lettres qui se prononcent par une seule émission de voix. Il n'est point de syllabes sans voyelles.

Les voyelles sont quelquefois recouvertes de petits signes que l'on nomme *Accents*. L'*accent aigu* (′), qui se forme de droite à gauche ; l'*accent grave* (`), de gauche à droite ; et l'*accent circonflexe* (^) qui se compose de la réunion des deux autres.

Les voyelles surmontées d'un accent circonflexe sont *longues*; on appelle *brèves*, les voyelles dépourvues de cet accent : *bûche, cruche*.

Il y a trois sortes d'*E* : 1°. l'*e* muet qui ne se prononce pas ou fort peu : *Monde, chemin* ; 2°. l'*é* fermé qui se prononce la bouche presque fermée, il est recouvert d'un accent aigu : *Décédé, végété*, ou suivi d'une consonne : *Pied, manger, nez* ; 3°. l'*é* ouvert qui se prononce en ouvrant la bouche ; il est surmonté d'un accent grave ou circonflexe : *Père, fête*, ou suivi d'une consonne : *Secret, respect, des, mes.*

Le *C* se prononce comme k devant *a, o, u, l, r, t* : *Cabinet, Mâcon* (ville), *vaincu, clair, cratère, acteur* ; mais ç avec la cédille se prononce comme *ss* devant *a, o, u* : *Façade, maçon, reçu* et devant *e, i* : *Ceci.*

Le *G* se prononce dur devant *a, o, u, l, r* : *Gateau, gosier, guttural, gloire, grâce.* Il se prononce comme *j* devant *e, i* : *Gêne, gibier.*

L'*H* est muet ou nul quand il n'ajoute rien à la prononciation de la voyelle suivante, qu'il forme élision ou liaison : l'*Histoire, vos habits*, qu'on prononce : l'*Istoire*, vo *zabits.*

L'*H* est aspiré quand il fait sentir, par l'aspiration que l'on est obligé de faire, qu'il empêche l'élision et la liaison : la *Haine*, les *héros*, qu'on prononce : *La haine, lè héros*, et non pas *l'aine, lè zéros.*

L'*Y* précédé d'une voyelle a la valeur de deux *i* : *Payer, moyen.* Mais il ne vaut qu'un *i*, lorsqu'il est précédé d'une consonne : *Symbole, tyran*, ou lorsqu'il est placé au commencement ou à la fin des mots : *Yeux, dey.*

SYLLABES.

Ba	bé	bè	be	bi	bo	bu.
Ca	cé	cè	ce	ci	co	cu.
Da	dé	dè	de	di	do	du.
Fa	fé	fè	fe	fi	fo	fu.
Ga	gé	gè	ge	gi	go	gu.
Ha	hé	hè	he	hi	ho	hu.
Ja	jé	jè	je	ji	jo	ju.
Ka	ké	kè	ke	ki	ko	ku.
La	lé	lè	le	li	lo	lu.
Ma	mé	mè	me	mi	mo	mu.
Na	né	nè	ne	ni	no	nu.
Pa	pé	pè	pe	pi	po	pu.
Qua	qué	què	que	qui	quo	quu.
Ra	ré	rè	re	ri	ro	ru.
Sa	sé	sè	se	si	so	su.
Ta	té	tè	te	ti	to	tu.
Va	vé	vè	ve	vi	vo	vu.
Xa	xé	xè	xe	xi	xo	xu.
Za	zé	zè	ze	zi	zo	zu.

Le Maître rappelle à l'élève qu'il y a trois sortes d'e (e, é, è ou ê), et il doit les lui faire prononcer distinctement.

Bla blé blè ble bli blo blu.
Bra bré brè bre bri bro bru.
Chra chré chrè chre chri chro chru.
Cla clé clè cle cli clo clu.
Dra dré drè dre dri dro dru.
Fla flé flè fle fli flo flu.
Fra fré frè fre fri fro fru.
Gla glé glè gle gli glo glu.
Gna gné gnè gne gni gno gnu.
Gra gré grè gre gri gro gru.
Gua gué guè gue gui guo guu.
Pha phé phè phe phi pho phu.
Pla plé plè ple pli plo plu.
Pra pré prè pre pri pro pru.
Spa spé spè spe spi spo spu.
Sta sté stè ste sti sto stu.
Tha thé thè the thi tho thu.
Tla tlé tlè tle tli tlo tlu.
Tra tré trè tre tri tro tru.
Vra vré vrè vre vri vro vru.

Quoiqu'il n'y ait que six *voyelles* dans l'alphabet français, on compte treize *sons* qui en remplissent les fonctions; ce sont : *a, e, é, è ou ê, i, o, u, an, eu, in, on, ou, un.*

1.

CHIFFRES ROMAINS ET ARABES.

Un	I	1
Deux	II	2
Trois	III	3
Quatre	IV	4
Cinq	V	5
Six	VI	6
Sept	VII	7
Huit	VIII	8
Neuf	IX	9
Dix	X	10
Vingt	XX	20
Trente	XXX	30
Quarante	XL	40
Cinquante	L	50
Soixante	LX	60
Soixante-dix	LXX	70
Quatre-vingts	LXXX	80
Quatre-vingt-dix	XC	90
Cent	C	100
Cinq cents	D	500
Six cents	DC	600
Neuf cents	CM	900
Mille	M	1,000

MOTS SYLLABÉS.

Mots de deux Syllabes.

Pa-pa, ga-la, no-ta, pâ-le, râ-pe, dé-jà, zé-lé, pa-vé, go-bé, ju-gé, tê-te, fê-te, pè-re, mè-re, mi-di, gî-te, dî-me, lo-to, so-lo, pô-le, cô-te, dé-çu, ju-ge, mû-re, sû-re, ma-man, ru-ban, bam-bin, di-vin, rin-ça, ne-veu, jeu-di, veu-ve, bom-be, ma-çon, ju-pon, cou-cou, hi-bou, bi-jou, a-lun, Me-lun, jeû-ne, ou-ï.

Mots de trois Syllabes.

Fa-ça-de, ma-da-me, ga-ba-re, in-fâ-me, dé-mâ-té,

dé-cé-dé, mi-sè-re, ca-rê-me, a-rê-te, li-mi-te, a-bî-me, nu-mé-ro, mi-nu-te, fu-tu-re, Eu-ro-pe, a-man-de, Ben-ja-min, dé-fen-se, en-rô-lé, li-ma-çon, dé-sa-veu, ré-pon-se, dé-fun-te, fan-tô-me, au-mô-ne, dé-jeû-né, dé-goû-té, a-ma-dou, Mo-ï-se, Si-na-ï.

Mots de quatre Syllabes.

Ca-ma-ra-de, pa-ra-bo-le, sé-vé-ri-té, ca-la-mi-té, co-lo-na-de, ca-pi-ta-le, dé-li-bé-ré, so-li-tu-de, ma-ri-ti-me, na-ti-vi-té, ca-no-na-de, sé-ré-na-de, li-ga-tu-re, ca-ra-bi-ne, cu-pi-di-té, ca-ni-cu-le, ma-ho-mé-tan, dé-pen-dan-ce, conve-nan-ce, é-co-no-me, na-ï-ve-té, co-ïn-ci-dé, hé-ro-ï-ne, rou-cou-la-de, en-fon-çu-re.

RÉCAPITULATION SYLLABIQUE.

Papa, gala, nota, pâle, râpe, déjà, zélé, pavé, gobé, jugé, tête, fête, père, mère, midi, gîte, dîme, loto, solo, pôle, côte, déçu, juge, mûre, sûre, maman, ruban, bambin, divin, rinça, neveu, jeudi, veuve, bombe, maçon, jupon, coucou, hibou, bijou, alun, Melun, jeûne, ouï.

Façade, madame, gabare, infâme, démâté, décédé, misère, carême, arête, limite, abîme, numéro, minute, future, Europe, amande, Benjamin, défense, enrôlé, limaçon, désaveu, réponse, défunte, fantôme, aumône, déjeûné, dégoûté, amadou, Moïse, Sinaï.

Camarade, parabole, sévérité, calamité, colonade, capitale, délibéré, solitude, maritime, nativité, canonade, sérénade, ligature, carabine, cupidité, canicule, mahométan, dépendance, convenance, économe, naïveté, coïncidé, héroïne, roucoulade, enfonçure.

PRIÈRES DU MATIN ET DU SOIR.

Au nom du Pè-re, et du Fils, et du Saint-Es-prit. Ain-si soit-il.

L'O-rai-son Do-mi-ni-ca-le.

NO-TRE Pè-re qui ê-tes dans les Ci-eux, que vo-tre nom soit sanc-ti-fi-é, que vo-tre rè-gne ar-ri-ve, que vo-tre vo-lon-té soit fai-te en la ter-re com-me au ci-el : don-nez-nous au-jour-d'hui no-tre pain de cha-que jour, et par-donnez-nous nos of-fen-ses, com-me nous par-don-nons à ceux qui nous ont of-fen-sés ; et ne nous lais-sez pas suc-com-ber à la ten-ta-ti-on ; mais dé-li-vrez-nous du mal. Ain-si soit-il.

La Sa-lu-ta-ti-on An-gé-li-que.

JE vous sa-lu-e (*), Ma-ri-e, plei-ne de grâ-ces, le Sei-gneur est a-vec vous. Vous ê-tes bé-ni-e en-tre tou-tes les fem-mes, et Jé-sus le fruit de vos en-trail-les est bé-ni.

(*) Quoique l'e muet, non précédé d'une consonne, ne forme pas positivement une syllabe, nous avons cru utile, dans cet ouvrage, de le séparer de la voyelle précédente, afin de faciliter la syllabisation aux jeunes élèves.

Sain-te Ma-ri-e, Mè-re de Di-eu, pri-ez pour nous pau-vres pé-cheurs, main-te-nant et à l'heu-re de no-tre mort. Ain-si soit-il.

Le Sym-bo-le des A-pô-tres.

JE crois en Di-eu le Pè-re tout-puis-sant, Cré-a-teur du ci-el et de la ter-re, et en Jé-sus-Christ son Fils u-ni-que, No-tre Sei-gneur, qui a é-té con-çu du Saint-Es-prit, est né de la Vi-er-ge Ma-ri-e ; qui a souf-fert sous Pon-ce Pi-la-te, a é-té cru-ci-fi-é, est mort, et a é-té en-se-ve-li ; qui est des-cen-du aux En-fers, et le troi-si-è-me jour est res-sus-ci-té des morts. Qui est mon-té aux Ci-eux, est as-sis à la droi-te de Di-eu le Pè-re tout-puis-sant, d'où il vi-en-dra ju-ger les vi-vants et les morts.

Je crois au Saint-Es-prit, à la Sain-te É-gli-se Ca-tho-li-que, à la com-mu-ni-on des Saints, à la ré-mis-si-on des pé-chés, à la ré-sur-rec-ti-on de la chair et à la vi-e é-ter-nel-le. Ain-si soit-il.

La Con-fes-si-on des Pé-chés.

Je me con-fes-se à Di-eu tout-puis-sant, à la bi-en-heu-reu-se Ma-ri-e, tou-jours Vi-er-ge, à Saint

Mi-chel Ar-chan-ge, à Saint Jean-Bap-tis-te, aux A-pô-tres Saint Pi-er-re et Saint Paul, et à tous les Saints, (à vous, mon pè-re) que j'ai beau-coup pé-ché en pen-sé-es, en pa-ro-les, et en ac-ti-ons, par ma fau-te, par ma fau-te, par ma très-gran-de fau-te ; c'est pourquoi je sup-pli-e la bi-en-heu-reu-se Ma-ri-e tou-jours Vi-er-ge, Saint Mi-chel Ar-chan-ge, Saint Jean-Bap-tis-te, les A-pô-tres Saint Pi-er-re et Saint Paul, et tous les Saints (et vous mon pè-re) de pri-er pour moi le Sei-gneur no-tre Di-eu.

Soit que vous mangiez, soit que vous buviez, faites tout pour la gloire de Dieu.

(1. Épit. de S. Paul, aux Corinth. ch. 10. v. 31.)

Bé-né-dic-ti-on du Re-pas. *

Que la main de Jé-sus-Christ nous bé-nis-se tous ; et la nour-ri-tu-re que nous al-lons pren-dre à la plus gran-de gloi-re de Dieu. Au nom du Pè-re, et du Fils, et du Saint-Es-prit. Ain-si soit-il.

Ac-ti-ons de grâ-ces a-près le Re-pas.

Nous vous ren-dons grâ-ces pour tous vos bi-en-faits, et par-ti-cu-li-è-re-ment pour la nour-ri-tu-re que nous ve-nons de pren-dre, ô Di-eu tout-puis-sant, qui vi-vez et ré-gnez dans tous les si-è-cles des si-è-cles. Ain-si soit-il.

---

* Ne buvez, ne mangez jamais sans penser que c'est de Dieu que vous tenez l'existence, que c'est de lui que viennent tous ces bienfaits.

Ne craignez point, Marie ; vous concevrez et enfanterez un fils, à qui vous donnerez le nom de Jésus ; la vertu du Très-Haut vous couvrira de son ombre.

(S. Luc, chap. 1. v. 30, 31 et 35.)

Pri-è-re quand on son-ne l'An-ge-lus.

L'AN-GE du Sei-gneur an-non-ça à la Sain-te Vi-er-ge Ma-ri-e, qu'el-le en-fan-te-rait le Sau-veur, et el-le a con-çu par l'o-pé-ra-ti-on du Saint-Es-prit.

Je vous sa-lu-e Ma-ri-e, etc., *pa-ge* 16.

Voi-ci la Ser-van-te du Sei-gneur, qu'il me soit fait se-lon vo-tre pa-ro-le.

Je vous sa-lu-e, Ma-ri-e, etc.

Et le Ver-be é-ter-nel a é-té fait chair, et il a ha-bi-té par-mi nous.

Je vous sa-lu-e, Ma-ri-e, etc.

SEI-GNEUR, ré-pan-dez vo-tre grâ-ce dans nos cœurs, a-fin qu'ay-ant con-nu par la voix de l'An-ge, le mys-tè-re de l'In-car-na-ti-on de vo-tre Fils, nous puis-si-ons ar-ri-ver heu-reu-se-ment par le mé-ri-te de sa pas-si-on et de sa croix, à la gloi-re de la ré-sur-rec-ti-on ; Par le mê-me Jé-sus-Christ No-tre-Sei-gneur. Ain-si soit-il.

Si vous voulez entrer dans la vie, gardez les Commandements.

(S. Matth. chap. 19, v. 17.)

Les dix Com-man-de-ments de Di-eu.

1 UN seul Di-eu tu a-do-re-ras,
   Et ai-me-ras par-fai-te-ment.

2 Di-eu en vain tu ne ju-re-ras,
   Ni au-tre cho-se pa-reil-le-ment.

3 Les Di-man-ches tu gar-de-ras,
   En ser-vant Di-eu dé-vo-te-ment.

4 Tes Pè-re et Mè-re ho-no-re-ras,
   A-fin de vi-vre lon-gue-ment.

5 Ho-mi-ci-de point ne se-ras,
   De fait ni vo-lon-tai-re-ment.

6 Lu-xu-ri-eux point ne se-ras
   De corps ni de con-sen-te-ment.

7 Le bi-en d'au-trui tu ne pren-dras,
   Ni re-ti-en-dras à ton es-ci-ent.

8 Faux té-moi-gna-ge ne di-ras
   Ni men-ti-ras au-cu-ne-ment.

9 L'œu-vre de chair ne dé-si-re-ras
   Qu'en ma-ri-a-ge seu-le-ment.

10 Bi-ens d'au-trui ne con-voi-te-ras
   Pour les avoir in-jus-te-ment.

Les six Com-man-de-ments de l'É-gli-se.

1 Les Fê-tes tu sanc-ti-fi-e-ras,
 Qui te sont de com-man-de-ment.
2 Les Di-man-ches Mes-se ou-ï-ras
 Et les Fê-tes pa-reil-le-ment.
3 Tous tes pé-chés con-fes-se-ras,
 A tout le moins u-ne fois l'an.
4 Ton Cré-a-teur tu re-ce-vras
 Au moins à Pâ-ques hum-ble-ment.
5 Qua-tre-temps, Vi-gi-les jeû-ne-ras
 Et le Ca-rê-me en-ti-è-re-ment.
6 Ven-dre-di chair ne man-ge-ras
 Ni le sa-me-di mê-me-ment.

ACTE DE FOI.

Mon Di-eu, je crois fer-me-ment tout ce que vous a-vez ré-vé-lé et que l'É-gli-se me pro-po-se à croi-re : je le crois, mon Di-eu, par-ce que vous ê-tes la vé-ri-té mê-me et que vous ne pou-vez pas vous trom-per ni nous trom-per.

ACTE D'ESPÉRANCE.

Mon Di-eu, j'es-pè-re, à cau-se de vos pro-mes-ses et des mé-ri-tes in-fi-nis de Jé-sus-Christ, que vous me don-ne-rez la vi-e é-ter-nel-le et les grâ-ces pour y ar-ri-ver. Ain-si soit-il.

ACTE D'AMOUR DE DIEU.

MON Di-eu, je vous ai-me de tout mon cœur, et plus que tou-tes cho-ses, à cau-se de vo-tre bon-té in-fi-ni-e : j'ai-me aus-si mon pro-chain com-me moi-mê-me, pour l'a-mour de vous. Ain-si soit-il.

ACTE D'ADORATION.

MON Di-eu, je vous a-do-re, je vous re-con-nais pour mon Cré-a-teur et mon sou-ve-rain Sei-gneur, et je m'hu-mi-li-e pro-fon-dé-ment de-vant vous.

ACTE DE CONTRITION.

MON Di-eu, j'ai un vé-ri-ta-ble re-gret de vous a-voir of-fen-sé, par-ce que vous ê-tes in-fi-ni-ment bon et que le pé-ché vous dé-plaît ; je me pro-po-se, moy-en-nant vo-tre sain-te grâ-ce, de n'y plus re-tom-ber, et de m'en con-fes-ser. Ain-si soit-il.

Instruisez toutes les Nations des vérités du salut, leur apprenant à observer toutes les choses que je vous ai prescrites.

(S. Matth. chap. 28. v. 19 et 20.)

ABRÉGÉ
DES PRINCIPALES VÉRITÉS

Que tout Chrétien doit savoir et croire.

DI-EU nous a cré-és pour le con-naî-tre, l'ai-mer et le ser-vir, et pour ob-te-nir la vi-e é-ter-nel-le. Qua-tre cho-ses sont né-ces-sai-res pour ar-ri-ver à la vi-e é-ter-nel-le : la Foi, l'Es-pé-ran-ce, la Cha-ri-té et les Bon-nes OEu-vres.

La Foi est u-ne ver-tu par la-quel-le nous croy-ons tout ce que Di-eu a ré-vé-lé.

et que l'É-gli-se nous pro-po-se à croi-re.

Les prin-ci-paux Mys-tè-res de la Foi, sont ceux de la Tri-ni-té, de l'In-car-na-ti-on et de la Ré-demp-ti-on. Ces trois Mys-tè-res sont con-te-nus dans le Sym-bo-le des A-pô-tres.

Je crois en Di-eu, etc., *pa-ge* 17.

Di-eu est le Cré-a-teur du Ci-el et de la Ter-re, et le sou-ve-rain Sei-gneur de tou-tes cho-ses.

Di-eu a tou-jours é-té et il se-ra tou-jours ; il est par-tout, il voit tout, et gou-ver-ne tout.

Il n'y a qu'un seul Di-eu, Pè-re, Fils et Saint-Es-prit. Le Pè-re est Di-eu, le Fils est Di-eu, le Saint-Es-prit est Di-eu ; ils ne sont pas né-an-moins trois Di-eux, mais un seul Di-eu en trois per-son-nes, et ces trois per-son-nes sont é-ga-les en tou-tes cho-ses.

Le Fils de Di-eu, qui est la se-con-de per-son-ne de la sain-te Tri-ni-té, s'est fait hom-me. Il a pris un corps et u-ne â-me com-me les nô-tres, dans le sein de la bi-en-heu-reu-se Vi-er-ge Ma-ri-e sa Mè-re. Il est Di-eu et hom-me tout en-sem-ble. L'É-gli-se fait la Fê-te de sa nais-san-ce le jour de No-ël.

Le Fils de Di-eu s'est fait hom-me pour nous ra-che-ter de la dam-na-ti-on é-ter-nel-le, à la-quel-le nous é-ti-ons en-ga-gés par le pé-ché d'A-dam, no-tre pre-mi-er pè-re.

Il nous a ra-che-tés de cet-te dam-na-ti-on en mou-rant pour nous sur la Croix. C'est le jour du Ven-dre-di-Saint qu'il est mort, a-près a-voir vé-cu en-vi-ron tren-te-trois ans, en me-nant u-ne vi-e pau-vre et la-bori-eu-se. Il est res-sus-ci-té le jour de Pâ-ques.

Il est mon-té au ci-el le jour de l'As-cen-si-on, et le jour de la Pen-te-cô-te, il a en-voy-é son Saint-Es-prit à ses A-pô-tres.

A la fin du mon-de, tous les hom-mes res-sus-ci-te-ront, et Jé-sus-Christ les ju-ge-ra tous en gé-né-ral : il les ju-ge aus-si en par-ti-cu-li-er au mo-ment de leur mort, et il rend à cha-cun se-lon ses œu-vres ; il ré-com-pen-se les bons dans le Pa-ra-dis, et pu-nit, pen-dant tou-te l'é-ter-ni-té, les mé-chants dans l'En-fer.

La se-con-de cho-se né-ces-sai-re pour ê-tre sau-vé, c'est l'Es-pé-ran-ce. L'Es-pé-ran-ce est u-ne ver-tu par la-quel-le nous at-ten-dons a-vec u-ne fer-me con-fi-an-ce la vi-e é-ter-nel-le, et les moy-ens pour y ar-ri-ver.

C'est par-ti-cu-li-è-re-ment par la pri-è-re que nous ob-te-nons de JÉ-sus-Christ les se-cours né-ces-sai-res pour ar-ri-ver à la vi-e é-ter-nel-le.

La plus par-fai-te de tou-tes les Pri-è-res, c'est le *Pa-ter*, etc.

JÉ-sus-Christ nous a en-sei-gné cet-te Pri-è-re, et el-le con-ti-ent tout ce que nous de-vons de-man-der.

No-tre Pè-re, etc., *pa-ge* 15.

Nous de-vons pri-er pre-mi-è-re-ment pour nous-mê-mes, puis pour nos pa-rents, pour nos su-pé-ri-eurs, pour nos bi-en-fai-teurs, pour tous les hom-mes, et mê-me pour nos en-ne-mis.

Il est bon et u-ti-le de pri-er les Saints. En-tre les Saints, nous de-vons par-ti-cu-li-è-re-ment pri-er la Sain-te Vi-er-ge.

La Pri-è-re que l'on fait or-di-nai-re-ment à la sain-te Vi-er-ge, c'est la sa-lu-ta-ti-on An-gé-li-que.

Je vous sa-lu-e, Ma-ri-e, etc., *pa-ge* 16.

La troi-si-è-me cho-se né-ces-sai-re pour fai-re son sa-lut, c'est la Cha-ri-té.

La Cha-ri-té est u-ne ver-tu par la-quel-le nous ai-mons Di-eu sur tou-tes cho-ses, et no-tre pro-chain com-me nous-mê-mes pour l'a-mour de Di-eu.

Ai-mer Di-eu sur tou-tes cho-ses, c'est l'ai-mer plus qu'au-cu-ne cré-a-tu-re, plus que soi-mê-me, et vou-loir plu-tôt mou-rir que de l'of-fen-ser.

La pre-mi-è-re o-bli-ga-ti-on de l'hom-me, c'est d'ai-mer Di-eu sur tou-tes cho-ses.

La mar-que à la-quel-le on con-naît que l'on ai-me Di-eu sur tou-tes cho-ses, c'est d'ob-ser-ver ses Com-man-de-ments.

Ai-mer son pro-chain com-me soi-mê-me, c'est lui vou-loir et lui pro-cu-rer les mê-mes bi-ens que nous dé-si-rons pour nous-mê-mes.

Tous les hom-mes et mê-me nos en-ne-mis, sont no-tre pro-chain.

Les Bon-nes OEu-vres sont la qua-tri-è-me cho-se né-ces-sai-re pour ob-te-nir la vi-e é-ter-nel-le.

Les Bon-nes OEu-vres que nous de-vons fai-re, sont con-te-nu-es dans les Com-man-de-ments de Di-eu et de l'E-gli-se.

Il y a dix Com-man-de-ments de Di-eu.

Un seul Di-eu, etc., *pa-ge 23.*

Il y a six Com-man-de-ments de l'E-gli-se.

Les Fê-tes, etc., *pa-ge* 24.

Le plus grand mal que nous de-vons é-vi-ter, c'est le pé-ché.

Le pé-ché est u-ne pen-sé-e, pa-ro-le, ac-ti-on ou o-mis-si-on con-tre quel-qu'un des Com-man-de-ments de Di-eu et de l'E-gli-se.

Il y a sept pé-chés ca-pi-taux : l'Or-gueil, l'A-va-ri-ce, la Lu-xu-re, l'En-vi-e, la Gour-man-di-se, la Co-lè-re et la Pa-res-se.

Les Sa-cre-ments sont des si-gnes sen-si-bles ins-ti-tu-és par No-tre-Sei-gneur Jé-sus-Christ, pour la sanc-ti-fi-ca-ti-on de nos â-mes.

Il y en a sept : le Bap-tê-me, la Con-fir-ma-ti-on, l'Eu-cha-ris-ti-e, la Pé-ni-ten-ce, l'Ex-trê-me-

Onc-ti-on, l'Or-dre et le Ma-ri-a-ge.

Le Bap-tê-me est un Sa-cre-ment qui ef-fa-ce le pé-ché o-ri-gi-nel, et qui nous fait en-fants de Di-eu et de l'É-gli-se.

Sans le Bap-tê-me on ne peut ê-tre sau-vé.

Dans le Bap-tê-me, nous nous som-mes en-ga-gés à vi-vre se-lon la loi de Jé-sus-Christ ;

Nous y a-vons aus-si re-non-cé au Dé-mon et à tou-tes les œu-vres du Dé-mon, qui sont les pé-chés.

Pour bap-ti-ser, il faut ver-ser de l'eau sur la tê-te de la per-son-ne que l'on bap-ti-se, en di-sant : *Je te bap-ti-se, au nom du Pè-re, et du Fils, et du Saint-Es-prit ;* et a-voir in-ten-ti-on de fai-re ce que fait l'É-gli-se.

La Con-fir-ma-ti-on est un Sa-cre-ment qui nous don-ne le Saint-Es-prit et une for-ce par-ti-cu-li-è-re pour con-fes-ser no-tre foi, et pour ré-sis-ter aux en-ne-mis de no-tre sa-lut.

L'Eu-cha-ris-ti-e est un Sa-cre-ment qui con-ti-ent ré-el-le-ment le Corps et le Sang de No-tre-Sei-gneur Jé-sus-Christ, sous les es-pè-ces du pain et du vin.

Pour com-mu-ni-er, il faut ê-tre en état de grâ-ce, c'est-à-di-re, n'ê-tre cou-pa-ble d'au-cun pé-ché mor-tel.

La Pé-ni-ten-ce est un Sa-cre-ment qui re-met les pé-chés com-mis a-près le Bap-tême.

La Pé-ni-ten-ce a trois par-ti-es : la Con-tri-ti-on, la Con-fes-si-on et la Sa-tis-fac-ti-on.

La Con-tri-ti-on est u-ne dou-leur de tous les pé-chés que l'on a com-mis, a-vec un fer-me pro-pos de ne les plus com-met-tre.

Cet-te dou-leur est ab-so-lu-ment né-ces-sai-re pour ob-te-nir le par-don de ses pé-chés.

La Con-fes-si-on est u-ne dé-cla-ra-ti-on de ses pé-chés fai-te au Prê-tre pour en a-voir l'ab-so-lu-ti-on.

On doit s'ac-cu-ser de tous les pé-chés mor-tels que l'on a com-mis ; et qui-con-que en ca-che-rait un seul, fe-rait u-ne con-fes-si-on sa-cri-lé-ge, et se-rait o-bli-gé de la re-com-men-cer tout en-ti-è-re.

La Sa-tis-fac-ti-on est la ré-pa-ra-ti-on que l'on doit à Di-eu pour l'in-ju-re qu'on lui a fai-te.

L'Ex-trê-me Onc-ti-on est un Sa-cre-ment ins-ti-tu-é pour le sou-la-ge-ment spi-ri-tu-el et cor-po-rel des ma-la-des.

L'Or-dre est un Sa-cre-ment qui don-ne le pou-voir de fai-re les fonc-ti-ons ec-clé-si-as-ti-ques, et la grâ-ce pour les ex-er-cer sain-te-ment.

Le Ma-ri-a-ge est un Sa-cre-ment qui don-ne à ceux qui se ma-ri-ent, les grâ-ces dont ils ont be-soin pour vi-vre dans u-ne sain-te u-ni-on, et pour é-le-ver chré-ti-en-ne-ment leurs en-fants.

Il y a qua-tre Ver-tus Car-di-na-les : la Pru-den-ce, la For-ce, la Jus-ti-ce et la Tem-pé-ran-ce.

Voi-là les prin-ci-pa-les Vé-ri-tés que doit croi-re et pra-ti-quer tout bon chré-ti-en dans l'É-gli-se Ca-tho-li-que, A-pos-to-li-que et Ro-mai-ne, hors de la-quel-le il n'y a point de sa-lut.

PRIÈRES
PENDANT LA MESSE.

En entrant dans l'Église.

'EST ici la maison de Dieu, faites, Seigneur, que je sois dans le respect où je dois être à la vue de vos saints autels.

Avant la Messe.

LAVEZ-MOI, Seigneur, et purifiez-moi de plus en plus, afin que les prières que je viens vous présenter vous soient agréables.

Au commencement de la Messe il faut faire le signe de la Croix, et dire :

SEIGNEUR, faites-moi la grâce d'entrer dans les dispositions que vous demandez de moi pour vous offrir dignement avec le Prêtre cet adorable Sacrifice. Je vous l'offre, ô mon Dieu : 1°. Pour rendre à votre divine majesté l'hommage souverain qui lui est dû ; 2°. Pour vous remercier de tous vos bienfaits ; 3°. Pour l'expiation de tous les péchés du monde, et particulièrement des miens ; 4°. et pour obtenir, par Jésus-Christ, votre Fils, toutes les grâces dont j'ai besoin.

Au Confiteor.

Vous n'avez pas besoin de ma confession, ô mon Dieu, vous lisez dans mon cœur toutes mes iniquités. Je vous les confesse néanmoins à la face du ciel et de la terre. J'avoue que je vous ai offensé par pensées, par paroles et par actions, et je vous en demande très-humblement pardon. Vierge sainte, Anges du ciel, Saints et Saintes du Paradis, priez pour nous, demandez grâce pour nous, et obtenez-nous le pardon de nos péchés.

Quand le Prêtre monte à l'Autel.

Le Prêtre s'approche de votre Autel, ô mon Dieu, pour nous réconcilier avec vous. Détruisez par votre bonté tous les obstacles qui pourraient retarder cette réconciliation.

Au Kyrie eleison.

AYEZ pitié de moi, Seigneur, ayez pitié de moi. Quand je vous dirais à tous les moments de ma vie, ayez pitié de moi ; non, mon Dieu, ce ne serait pas encore assez pour le nombre et pour la grandeur de mes péchés.

Au Gloria in excelsis.

NOUS vous rendons la gloire qui n'est due qu'à vous, Seigneur ; donnez-nous la paix que le monde ne peut nous donner, et la bonne volonté sans laquelle nous ne pouvons l'obtenir. Nous vous louons, nous vous adorons, nous vous reconnaissons pour le seul saint, le seul Seigneur, et le Souverain du ciel et de la terre.

Aux Oraisons.

RECEVEZ, Seigneur, les prières qui vous sont adressées pour nous ; accordez-nous les grâces et les vertus que l'Église vous demande en notre faveur. Il est vrai que nous ne méritons pas que vous nous écoutiez ; mais, ô mon Dieu, nous vous demandons toutes ces grâces par Jésus-Christ votre Fils, et vous nous avez promis de nous accorder tout ce que nous vous demanderons en son nom.

A l'Épître.

Vos saintes Écritures nous apprennent, ô mon Dieu, que celui qui ne vous aime pas sera condamné à des peines éternelles ; que nous devons nous aimer et nous supporter les uns les autres ; que nous ne serons point glorifiés avec Jésus-Christ, si nous ne souffrons avec lui ; que ni les impudiques, ni les voleurs, ni les ivrognes, ni les médisants, ne seront pas les héritiers de votre royaume. Imprimez, Seigneur, ces vérités dans nos cœurs : faites-nous la grâce de nous y conformer dans toute notre conduite.

Après l'Épître et pendant que le Prêtre se prépare à lire l'Évangile.

Je vais me lever, ô mon Dieu, pour entendre lire votre Évangile ; c'est pour me souvenir que je dois être prêt à exécuter tout ce que vous m'y ordonnez. Je fais aussi le signe de la croix sur mon front, sur ma bouche et sur mon cœur, pour vous protester, Seigneur, que je ne rougirai jamais de votre Évangile, et que je suis disposé à confesser de bouche et devant les hommes toutes les vérités que je crois au fond du cœur.

Pendant l'Évangile.

VOUS nous apprenez, Seigneur, dans votre Évangile, que celui qui veut être votre disciple, doit se renoncer lui-même, porter sa croix et vous suivre ; que pour obtenir la vie éternelle, il faut garder tous vos commandements ; que le chemin qui conduit au ciel est étroit, et que celui qui conduit à la perdition est le plus fréquenté. Vous nous commandez d'aimer nos ennemis, de faire du bien à ceux qui nous haïssent, de prier pour ceux qui nous persécutent. Vous nous dites : heureux les pauvres, malheur à ceux qui ont leur consolation dans ce monde. Je crois, mon Dieu, toutes ces vérités, mais ce n'est pas assez de les croire ; le Prêtre, en baisant le livre où elles sont contenues, m'apprend que je dois les aimer. Faites donc que je les aime, puisque ce n'est qu'en les aimant que je les observerai comme je le dois.

Au Credo.

Je crois, Seigneur, suppléez à ce qui manque à ma foi. O mon Dieu, augmentez ma foi. Je crois en vous, Père tout-puissant, qui avez fait de rien le ciel et la terre. Je crois en Jésus-Christ votre Fils unique, qui est mort pour moi. C'est à cette mort précieuse que je suis redevable de mon salut et de toutes les grâces que vous répandez sur moi. Je crois au Saint-Esprit. Je crois toutes les vérités que vous avez révélées à votre Église. Je vous proteste que je veux vivre et mourir dans les sentiments de cette foi pure, et dans le sein de cette même Église, hors de laquelle il n'y a point de salut.

A l'Offertoire.

Recevez, mon Dieu, cette Hostie et ce Calice qui doivent être changés au corps et au sang de Jésus-Christ votre Fils. Nous vous les offrons pour l'expiation de nos péchés. Souffrez que nous unissions à cette offrande celle de notre corps, de notre âme, de notre vie et de tout ce qui nous appartient.

Lorsque le Prêtre se lave les mains.

VOUS ne voulez pas, ô mon Dieu, que le sacrifice du corps et du sang de votre Fils, vous soit présenté par des mains impures. Lavez-nous donc dans le sang de cet Agneau sans tache, afin que notre offrande vous soit agréable.

Lorsque le Prêtre dit : Orate, Fratres.

RECEVEZ, Seigneur, ce Sacrifice que nous vous offrons par les mains du Prêtre. Recevez-le pour votre gloire, pour notre utilité particulière, et pour celle de toute votre Église.

A la Préface.

IL est temps, ô mon âme, de nous élever au-dessus de toutes les choses d'ici-bas. Attirez, Seigneur, attirez vous-même nos cœurs jusqu'à vous. Souffrez que nous unissions nos faibles voix à celles des esprits bienheureux, et que nous disions dans le lieu de notre exil, ce qu'ils chantent éternellement dans le séjour de la gloire : Saint, Saint, Saint est le Dieu que nous adorons, le Seigneur, le Dieu des armées.

Après le Sanctus

PÈRE Éternel, Dieu de miséricorde, conservez et gouvernez votre Église; sanctifiez-la et répandez-la par toute la terre; unissez tous ceux qui la composent, dans un même esprit et un même cœur. Bénissez notre Saint Père le Pape, notre Roi, notre Évêque, notre Pasteur, et tous ceux qui sont dans la foi de votre Église.

Au premier Memento.

SOUVENEZ-VOUS, Seigneur, de mes parents, de mes amis, de mes bienfaiteurs; donnez-leur part au mérite de ce divin sacrifice, et comblez-les de vos bénédictions en ce monde et en l'autre.

Avant la Consécration.

CE qui se passe sur l'Autel, ô mon Dieu, me représente ce qui s'est passé sur le Calvaire. Vous y avez souffert la mort, et la mort ignominieuse de la Croix. Quels doivent être mes sentiments au souvenir de ce sanglant spectacle? La Foi m'apprend que c'est moi qui en suis la cause. Oui, Seigneur, ce sont mes péchés qui vous ont immolé à la justice de votre Père. Vous êtes mort pour m'en obtenir le pardon et pour me délivrer de la mort éternelle que j'avais méritée. Faites que je n'oublie jamais un si grand bienfait ; faites que je cesse d'être pécheur et que je ne vive plus que pour vous.

A l'Élévation de l'Hostie.

O JÉSUS, mon Sauveur, vrai Dieu et vrai Homme, je crois que vous êtes réellement présent dans cette sainte Hostie, je vous y adore de tout mon cœur.

A l'Élévation du Calice.

O PRÉCIEUX Sang, qui avez été répandu pour la rémission de mes péchés, je vous adore ! Faites, Seigneur, que je sois toujours prêt à répandre mon sang pour votre gloire.

Lorsque le Prêtre a remis le Calice sur l'Autel.

JE suis maintenant au pied de votre croix, ô mon Sauveur ; que je sois assez heureux pour profiter des exemples que vous m'y donnez. Vous pardonnez à ceux qui vous ont fait mourir ; après un tel excès de bonté, conserverai-je du ressentiment contre mon prochain ? Refuserai-je de faire du bien à ceux qui m'ont offensé ? Vos souffrances sont sans bornes ; puis-je être votre disciple, et chercher toutes mes consolations ? Vous supportez toutes ces souffrances sans vous plaindre ; puis-je murmurer et manquer de patience au milieu des afflictions que vous voulez bien m'envoyer.

Au second Memento.

SOUVENEZ-VOUS, Seigneur, des âmes qui souffrent dans le Purgatoire, et particulièrement de celles pour lesquelles je suis obligé de prier. Achevez de leur faire miséricorde, et accordez-leur la paix et la gloire que vous leur avez méritées par le sacrifice de votre croix.

Au Nobis quoque peccatoribus.

NOUS sommes pécheurs, ô mon Dieu, et par conséquent indignes d'avoir part à votre royaume. Nous espérons cependant en la grandeur infinie de vos miséricordes, et nous vous supplions, par les mérites de votre Fils, de nous faire participer à cette gloire dont vous comblerez les Saints pendant toute l'éternité.

Au Pater.

QUOIQUE je ne sois qu'une misérable créature, cependant, mon Dieu, je prends la liberté de vous appeler mon Père. Vous le voulez, Seigneur, faites-moi donc la grâce que je ne me rende point indigne de la qualité de votre enfant ; que votre saint nom soit béni à jamais. Régnez absolument dans mon cœur, afin que j'accomplisse votre volonté sur la terre comme les Saints font dans le ciel. Vous êtes mon Père, donnez-moi donc ce pain céleste dont vous nourrissez vos enfants. Pardonnez-moi comme je pardonne de bon cœur, pour l'amour de vous, à tous ceux qui m'ont offensé. Ne permettez pas que je succombe à aucune tentation ; mais faites que, par le secours de votre grâce, je triomphe de tous les ennemis de mon salut.

Après le Pater.

VOUS êtes mon protecteur, ô mon Dieu, défendez-moi au milieu de tous les périls qui m'environnent. Vous êtes mon libérateur, délivrez-moi du plus funeste de tous les maux, qui est le péché ;

donnez-moi la paix de la bonne conscience, afin que rien ne me détourne de votre service.

A l'Agnus Dei.

AGNEAU de Dieu, qui effacez les péchés du monde, ayez pitié de nous.

Agneau de Dieu, qui effacez les péchés du monde, ayez pitié de nous.

Agneau de Dieu, qui effacez les péchés du monde, donnez-nous la paix.

Après l'Agnus Dei.

OUI, Seigneur, donnez-nous la paix, cette paix sans laquelle vous nous défendez d'approcher de votre autel. Vous ne répandez vos grâces que sur ceux qui sont unis entre eux par la charité. Faites que nous ne soyons tous ensemble qu'un même cœur et un même esprit.

Au Domine, non sum dignus:

SEIGNEUR, je ne suis pas digne que vous entriez en moi, dites seulement une parole, et mon âme sera guérie. (*3 fois.*)

Quand on ne communie point, on dira après le Domine, non sum dignus :

NON, mon Dieu, je ne suis pas digne que vous entriez en moi. Que n'ai-je assez de pureté pour vous recevoir tous les jours ! Mais puisque mes péchés et les embarras de cette vie m'en empêchent, souffrez au moins que je vous reçoive d'esprit et de cœur. Que votre grâce descende donc en moi, ô mon Dieu, qu'elle efface mes iniquités de plus en plus, qu'elle me détache de l'amour des créatures, et qu'elle me fasse vivre de telle sorte que je puisse bientôt m'unir à vous, et vous recevoir réellement dans la Communion.

Aux dernières Oraisons.

NOUS devons vous prier sans cesse, ô mon Dieu ; nous avons toujours besoin de vos grâces, et les trésors de vos miséricordes sont infinis. Donnez-nous donc l'esprit de prières, apprenez-nous ce que nous devons continuellement vous demander, et faites que nous vous le demandions avec l'amour, l'humilité et la persévérance nécessaires pour être exaucés.

A la Bénédiction.

SAINTE et adorable Trinité, nous vous remercions de la grâce que vous nous avez faite. Daignez avoir pour agréable ce Sacrifice que nous venons de vous offrir ; faites qu'il soit pour nous une source inépuisable de grâces et de bénédictions. Ainsi soit-il.

Au dernier Évangile.

GRAVEZ, ô mon Dieu, le souvenir de votre Incarnation dans mon esprit et dans mon cœur. Faites-moi la grâce de ne plus suivre l'égarement de mes pensées, ni les dérèglements de mon cœur ; mais que je me soumette entièrement à tout ce que vous demandez de moi, et que je dirige toutes mes actions sur les règles de votre Évangile.

Après la Messe.

MON Dieu, je vous demande pardon des fautes que j'ai faites en votre sainte présence. Envoyez-moi votre Saint-Esprit, afin que (comme les Apôtres qui le reçurent miraculeusement) je puisse mériter de vous louer éternellement.

Oraison à dire quand on donne la Bénédiction du Saint-Sacrement.

O JÉSUS ! ô amour ! ô bonté infinie ! Je vous adore dans le très-Saint-Sacrement, croyant fermement que vous y êtes vrai Dieu et vrai Homme ; je vous adore avec toutes les adorations de la Sainte Vierge, des Anges et de tous les Saints ; je vous bénis et je vous aime avec leur amour.

Je vous offre mon corps, mon âme et mon esprit, pour être entièrement à vous ; je me prosterne à vos pieds, vous demandant humblement votre sainte bénédiction, vous priant de la donner aussi à tous mes parents, amis et ennemis, au nom du Père, et du Fils, et du Saint-Esprit ; faites-nous la grâce de ne vous offenser jamais. *Loué et béni soit à jamais le très-saint et très-auguste Sacrement de l'Autel.*

RÉPONSES À LA MESSE.

Le Pr. *Introibo ad altare Dei...*
Le Cl. Ad Deum qui lætificat juventutem meam.

Judica me, Deus...

Quia tu es, Deus, fortitudo mea : quare me repulisti, et quare tristis incedo, dum affligit me inimicus ?

Emitte lucem...

Et introibo ad altare Dei, ad Deum qui lætificat juventutem meam.

Confitebor illi...

Spera in Deo quoniam, adhuc confitebor illi salutare vultus mei, et Deus meus.

Gloria Patri...

Sicut erat in principio, et nunc et semper, et in secula seculorum. Amen.

Introibo ad altare Dei...

Ad Deum qui lætificat juventutem meam.

Adjutorium nostrum...

Qui fecit cœlum et terram.

Confiteor...

Misereatur tui omnipotens Deus, et dimissis peccatis tuis, perducat te ad vitam æternam. — Amen.

Confiteor Deo...

Misereatur vestri... - Am.
Indulgentiam... — Amen.
Deus, tu conversus...
Et plebs tua lætabitur in te.
Ostende nobis...
Et salutare tuum da nobis.
Domine, exaudi...
Et clamor meus ad te veniat.
Dominus vobiscum.
Et cum spiritu tuo.
Kyrie eleison. (alternat.)

Dominus vobiscum;
Et cum spiritu tuo.
Per omnia... — Amen.
(A la fin de l'Épître.)
Deo gratias.
Dominus vobiscum,
Et cum spiritu tuo.
Sequentia sancti...
Gloria tibi, Domine.
Laus tibi, Christe.
Dominus vobiscum;
Et cum spiritu tuo.
Orate, Fratres.
Suscipiat Dominus hoc sacrificium de manibus tuis ad laudem et gloriam nominis sui, ad utilitatem quoque nostram, totiusque Ecclesiæ suæ sanctæ.
Per omnia... — Amen.
Dominus vobiscum,
Et cum spiritu tuo.
Sursum corda :
Habemus ad Dominum.
Gratias agamus...
Dignum et justum est.
Per omnia... — Amen.
Et ne nos inducas...
Sed libera nos a malo.
Per omnia... — Amen.
Pax Domini...
Et cum spiritu tuo.
Dominus vobiscum,
Et cum spiritu tuo.
Per omnia... — Amen.
Ite, Missa est, ou *Benedicamus Domino :* - Deo gratias.
Requiescat in pace. — Am.
Initium ou *Sequentia sancti...*
Gloria tibi, Domine.
(A la fin du dernier Évangile.)
Deo gratias.

FIN.

ABRÉGÉ DE LA GÉOGRAPHIE.

La Géographie est la description de la terre. La Terre se divise en cinq grandes parties : l'*Europe*, l'*Asie*, l'*Afrique*, l'*Amérique* et l'*Océanie*.

L'EUROPE.

L'EUROPE est la partie du monde la plus civilisée. Là, fleurissent les Sciences, la Littérature et les Beaux-Arts. Le sol, couvert de villes populeuses, arrosé par un grand nombre de rivières, est cultivé avec soin et produit toutes les choses nécessaires à la vie. On rencontre beaucoup de routes et de canaux. De nombreuses

fabriques et manufactures ont enrichi l
Européens. Le commerce leur a ouve
toutes les contrées du globe. Leurs armé
sont les mieux disciplinées, les pl
braves, et leurs vaisseaux naviguent s
toutes les mers. Le climat est froid ;
nord où se trouvent les *Lapons* et les *S
moyèdes*, formant la race la plus petite (
genre humain; il est tempéré au milie
et très-agréable au sud.

Les animaux utiles y sont nombreu
et les animaux féroces, tels que les loup
les ours, assez rares. On y trouve bea
coup de mines de fer; il y a au
de riches mines de plomb, de cuivre
d'étain; des carrières de marbre et (
houillères.

L'Europe est la plus petite des ci
parties du monde; mais elle est à pr
portion plus peuplée: sa population
de deux cent trente millions d'habitan
et contient en superficie plus de tre
millions de kilomètres carrés,

L'ASIE.

L'Asie est quatre fois plus grande (
l'Europe. Au nord se trouve la *Sibér*

long désert que la neige et les glaces recouvrent pendant neuf ou dix mois de l'année ; au milieu, la *Tartarie*, vaste plaine recouverte de sables ou de pâturages, habitée par de nombreuses peuplades errantes ; au sud les riches presqu'îles de l'*Inde*, les déserts sablonneux de l'*Arabie*, l'antique et populeux empire de la *Chine*.

L'Asie nourrit des chameaux, des éléphants, des tigres et des serpents. Les dattes, l'encens et le café, sont les produits de l'Arabie ; le cocotier, l'indigotier, la canne à sucre et le cannelier croissent dans l'Inde ; la Chine donne du riz et du thé. L'Arabie méridionale fournit des pierres précieuses, et les perles sont pêchées dans les mers qui l'avoisinent.

Le genre humain est originaire de l'Asie. Là, ont existé les premières et les plus grandes monarchies. C'est de là que sont sorties les colonies qui ont peuplé la terre. Jésus-Christ y a pris naissance et y a accompli tous nos mystères. La population de l'Asie est d'environ trois cent quatre-vingt-quinze millions d'habitants.

L'AFRIQUE.

L'Afrique, la partie du monde la plus chaude, est habitée par la race nègre, encore ignorante et sauvage. Cette partie du monde est trois fois plus étendue que l'Europe. Sa population peut s'élever à soixante-quatre millions d'habitants.

On ne connaît guère que les côtes de ce vaste pays. Au milieu se trouve le *Sahara*, immense désert qui a plus de mille kilomètres de long sur douze cents de large. C'est une plaine sablonneuse, privée d'eau et de verdure, brûlée par une chaleur étouffante. Des vents brûlants y soufflent et ensevelissent des caravanes entières sous des nuées de sable.

L'Afrique renferme beaucoup d'animaux féroces, tels que le lion, le tigre, l'hyène, le chacal. Les fleuves nourrissent d'énormes crocodiles, et les forêts recèlent le serpent. Là, vivent encore l'éléphant, l'hippopotame, la girafe, le buffle, le chameau, et des oiseaux très-remarquables, tels que l'autruche et le perroquet. Les fruits qu'elle produit sont délicieux, et l'on en tire des drogues excellentes.

L'AMÉRIQUE.

L'Amérique, qui est quatre fois plus étendue que l'Europe, fut découverte, en 1492, par les Espagnols, sous la conduite d'un navigateur génois, nommé Christophe Colomb.

Cependant, la gloire d'attacher son nom au Nouveau-Monde fut réservée à Amérigo Vespucci qui découvrit, en 1499, la côte orientale de l'Amérique du Sud.

Le climat y est généralement plus froid qu'en Europe et en Afrique, ce qu'il faut attribuer à des montagnes immenses qui donnent naissance aux rivières et aux fleuves les plus grands du monde.

La terre est assez fertile partout. Nulle part les métaux précieux ne sont plus abondants. Les animaux y sont de petite taille. Il y vient du blé, du maïs, beaucoup de cannes à sucre, du tabac ; on y trouve des perles, de l'indigo et de la cochenille. C'est du Mexique que nous vient l'amande connue sous le nom de *Cacao*, et dont on fait le *Chocolat*. La pomme de terre a été transplantée d'Amérique en Europe. On compte en Amérique soixante-cinq millions d'habitants.

L'OCÉANIE.

L'Océanie est la partie du monde la plus grande et la moins peuplée. Sa population est évaluée à vingt-deux millions d'habitants.

L'Océanie est entièrement composée d'îles. On y remarque les Philippines qui produisent le camphre, le benjoin, le poivre, l'indigo et le riz.

La Nouvelle-Hollande est une île immense, aussi grande que l'Europe ; mais on en connaît à peine le contour. On y trouve peu de rivières. Le sol y est en général stérile et aride. Ses habitants sont perfides, féroces, misérables et ignorants.

Ce n'est guère que depuis le commencement du siècle actuel qu'on a eu l'idée de faire de l'Océanie une partie du monde. On doit principalement la connaissance de ces pays aux découvertes de Cook (1768 etc.), découvertes qui avaient été précédées depuis longtemps par celles de Magellan, Van Diémen, Abel Tasman, et que complétèrent Bougainville, La-Perouse, D'Entrecasteaux, Freycinet et Dumont d'Urville.

PAYS PRINCIPAUX.

Les principaux pays sont :

En EUROPE : Le Portugal, l'Espagne, la France, l'Angleterre, la Hollande, la Belgique, le Hanovre, la Suède, la Norwège, le Danemarck, la Russie, la Pologne, la Prusse, la Bavière, le Wurtemberg, la Saxe, l'Autriche, la Suisse, l'Italie, la Grèce et la Turquie.

En ASIE : L'Anatolie, la Syrie, l'Arabie, la Perse, les deux Indes, la Chine, le Japon, la grande Tartarie et la Sibérie.

En AFRIQUE : L'Égypte, la Nubie, l'Abyssinie, l'Algérie, le Maroc, le Sénégal, la Guinée et le Congo.

En AMÉRIQUE : Le Canada, les États-Unis, le Mexique, le Guatimala, la Colombie, le Pérou, Bolivia, le Chili, le Paraguay, Buenos-Ayres et le Brésil.

OCÉAN. — ILES. — FLEUVES.

On appelle *Océan* ou mer, la vaste étendue d'eau qui environne la terre, et dont les différentes parties prennent des noms particuliers suivant leur position.

Le *Grand Océan* ou *Océan Pacifique*, est entre l'Asie, la Nouvelle-Hollande et l'Amérique; l'*Océan Indien*, entre l'Asie, l'Océanie et l'Afrique; l'*Océan Atlantique*, entre l'Europe, l'Afrique et l'Amérique.

Une *Ile* est un espace de terre entouré d'eau de tous côtés. Les principales îles sont, en Europe : La *Grande-Bretagne*, la *Sicile*, la *Sardaigne*, et l'*Islande*, pays de glaces ; en Amérique, *Terre-Neuve* ; en Afrique, *Madagascar* ; en Asie, le *Japon; Sumatra*, *Java* et *Bornéo*.

Un *Fleuve* est un grand courant d'eau qui se jette dans l'Océan. Les principaux fleuves sont : en Europe, le *Danube*, dont le cours est de 2,700 kilomètres, le *Volga* (2,800); en Asie, le *Gange* (2,600), l'*Euphrate* (1,850); en Afrique, le *Zaïre* (2,400), le *Nil* (5,500); en Amérique, la *Plata* (2,500), l'*Orénoque* (2,600), l'*Amazone* (5,400) et le *Mississipi* (6,000).

LACS. — MONTAGNES. — VOLCANS.

Un *Lac* est un grand amas d'eau dormante, entouré de terre. Les plus grands lacs sont : en Russie, le *Ladoga*, qui a 28,700 kilomètres de surface, et l'*Onéga* (22,000) ; la mer *Caspienne* (300,000) ; en Afrique, le *Schad* (85,500) ; en Amérique, le lac *Ontario* (35,200), et le lac *Supérieur* (174,000).

On appelle *Montagne*, une élévation considérable de terre. Les plus hautes montagnes du monde sont : en Europe, le *Mont-Blanc* dans les Alpes, qui s'élève à 4,775 mètres au-dessus de l'Océan ; en Amérique, le *Chimborazo*, à 6,530 mètres et le *Sorata*, dans les Andes, à 7,700 mèt.; en Asie, le *Pic de Thibet*, à 7,820 mètres.

Un *Volcan* est un gouffre dans la terre, et le plus souvent dans les montagnes, qui lance du feu et des matières embrasées. L'Europe a trois volcans principaux : le *Vésuve*, près de Naples ; l'*Hécla*, en Islande, l'*Etna* en Sicile. Une éruption du Vésuve (79 ans avant J.-C.) détruisit les villes d'Herculanum, Pompéi et Stabies.

NOTICE SUR LA FRANCE.

La FRANCE est divisée en 86 départements, 363 arrondissements, 2,846 cantons, et 37,200 communes.

Chaque commune a un Conseil municipal, composé d'un Maire, d'un ou de plusieurs Adjoints, et d'un certain nombre de Conseillers, suivant sa population.

Chaque canton a un Juge-de-Paix.

Chaque arrondissement a un Sous-Préfet, un Tribunal de première instance, un Procureur impérial, et un Conseil d'arrondissement.

Chaque Département a un Préfet, un Conseil de Préfecture, une Cour d'assises et un Conseil général.

La France qui, d'après le dernier récensement renferme une population de 35,400,486 habitants, est partagée en vingt-sept Cours impériales, 16 Académies, vingt-une Divisions militaires, quatre-vingt-un Archevêchés et Évêchés.

Paris est la capitale de la France.

Tableau chronologique des Rois de France.

Noms des Rois	Règne en	Noms des Rois	Règne en	Noms des Rois	Règne en
1re Race.		Louis III et		Charles VII.	1422
Mérovingiens		Carloman.	879	Louis XI.	1461
		Charles II.	884	Charles VIII.	1483
de Mérovée.		Eudes.	888	**3e Branche**	
		Charles III.	898	*dite*	
Pharamond	420	Raoul.	923	**D'ORLÉANS.**	
Clodion.	428	Louis IV.	936	Louis XII	1498
Mérovée.	448	Lothaire.	954	**4e Branche**	
Childéric Ier.	458	Louis V.	986	*dite 2e des*	
Clovis Ier	481	**3e Race.**		**VALOIS.**	
1er roi chrétien.		**Capétiens,**		François Ier.	1515
Childebert.	511			Henri II.	1547
Clotaire Ier.	558	de Hugues-Capet.		François II	1559
Caribert.	564	**1re Branche**		Charles IX.	1560
Chilpéric Ier.	567	*dite des*		Henri III.	1574
Clotaire II.	584	**CAPETS.**		**5e Branche**	
Dagobert Ier.	628			*dite des*	
Clovis II.	658	Hugues-Capet	987	**BOURBONS.**	
Clotaire III.	656	Robert.	996	Henri IV.	1589
Childéric II.	670	Henri Ier.	1031	Louis XIII.	1610
Thierry Ier.	673	Philippe Ier.	1060	Louis XIV.	1643
Clovis III.	690	Louis VI.	1108	Louis XV.	1715
Childebert II.	695	Louis VII	1137	Louis XVI.	1774
Dagobert II.	711	Philippe II.	1180	Louis XVII.	
Clotaire IV.	716	Louis VIII.	1223	(n'a pas régné)	
Chilpéric II.	717	Louis IX.	1226	Louis XVIII.	1814
Thierry II.	720	Philippe III.	1270	Charles X.	1824
Childéric III.	742	Philippe IV.	1285	**6e Branche.**	
2e Race.		Louis X.	1314	**BOURBONS-**	
Carlovingiens		Philippe V.	1316	**D'ORLÉANS.**	
		Charles IV.	1321	L.-Philip. Ier.	1830
de Charlemagne.		**2e Branche**		République.	1848
		dite 1re des		**Empire Français.**	
Pépin-le-Bref	752	**VALOIS.**		Napoléon III.	1852
Charlemagne.	768	Philippe VI.	1328		
Louis Ier.	814	Jean-le-Bon.	1350	*République	1793
Charles Ier.	840	Charles V.	1364	Napoléon 1er	1804
Louis II.	877	Charles VI.	1380		

POPULATION

DES PRINCIPALES VILLES DE FRANCE

Et leurs Distances de Paris.

VILLES.	POPULATION.	Distances de Paris.
PARIS	1,055,000	Kilomètres
Lyon	150,000	529
Marseille	140,000	924
Bordeaux	98,600	925
Rouen	92,000	156
Nantes	75,000	444
Lille	74,000	267
Strasbourg	57,000	764
Toulouse	53,000	763
Amiens	49,500	142
Metz	45,300	351
Nîmes	43,000	800
Orléans	40,000	137
Montpellier	36,000	858
Avignon	31,000	800
Dijon	24,000	346

DIVISION DU TEMPS.

Le jour a vingt-quatre heures.
Une heure a soixante minutes.
Une minute a soixante secondes.

L'année est divisée en quatre saisons : le Printemps, l'Été, l'Automne et l'Hiver, en cinquante-deux semaines.

Chaque semaine a sept jours que l'on nomme : dimanche, lundi, mardi, mercredi, jeudi, vendredi et samedi.

Les mois sont : janvier, février, mars, avril, mai, juin, juillet, août, septembre, octobre, novembre et décembre.

Avril, juin, septembre et novembre ont trente jours.

Dans les années *communes*, février a vingt-huit jours ; il en a vingt-neuf dans les années *bissextiles*.

Les autres mois ont trente-un jours.

L'année est donc composée de trois cent soixante-cinq ou soixante-six jours.

Cent ans font un siècle. On compte dix-huit siècles depuis la naissance de Jésus-Christ.

DES ASTRES.

Le Soleil, placé au centre de notre système planétaire, est pour la terre, les autres planètes et leurs satellites, la source de la lumière et de la chaleur. La terre tourne autour de cet astre en une année, ou trois cent soixante-cinq jours.

Le Soleil est à cent cinquante-cinq millions de kilomètres de la terre. Il est près de quatorze cent mille fois plus gros que notre globe.

La Lune tourne autour de la terre en vingt-sept jours sept heures et un peu plus de quarante-trois minutes. La Lune est à trois cent soixante-quinze mille six cents kilomètres de la terre, et son volume est quarante-neuf fois plus petit.

On compte onze planètes, qui sont : Mercure, Vénus, la Terre, Mars, Vesta, Junon, Cérès, Pallas, Jupiter, Saturne, Uranus. Cette dernière est à deux milliards neuf cent quarante-sept millions sept cent soixante-trois mille kilomètres du soleil. Leverrier découvrit en 1846, une douzième planète.

LA GRAMMAIRE FRANÇAISE.

La Grammaire Française se compose de dix sortes de mots qu'on appelle les *parties du Discours.*

1°. Le *Nom* est un mot par lequel on *nomme* une personne ou une chose : *Homme, cheval, livre.*

2°. L'*Article* détermine, précise le sens du nom : *Le, la, les, au, aux, du, des.*

3°. L'*Adjectif* qualifie le nom, et en exprime les diverses modifications : *Grand, petit, blanc.*

4°. Le *Pronom* représente, remplace le nom : *Je, tu, il, elle, nous, vous, ils, elles.*

5°. Le *Verbe* exprime l'état ou l'action du nom : *Avoir, être, parler, courir.*

6°. Le *Participe* tient du verbe et de l'adjectif : *Aimant, aimé, parlant, chéri.*

7°. La *Préposition* indique par le sens les rapports des mots entre eux : *A, de, dans, pour, par, sans, envers.*

8° L'*Adverbe* détermine dans quel lieu, dans quel temps, de quelle manière, à quelle époque, l'état ou l'action du verbe a lieu : *Alors, hier, jadis, pas.*

9°. La *Conjonction* lie, unit, attache,

joint deux termes ou deux propositions entre elles : *Car, et, ni, mais, or.*

10°. L'*Interjection* exprime les affections vives et subites de l'âme : *Ah! ha! eh! hé! ho! oh! ouf!*

L'ARITHMÉTIQUE.

L'Arithmétique est la science des nombres, ou l'art de les calculer.

La *Numération* enseigne à former les nombres.

Pour représenter les nombres on se sert de dix caractères qui nous viennent des Arabes; ce sont : 0, 1, 2, 3, 4, 5, 6, 7, 8, 9. Pour exprimer les autres nombres on est convenu que de dix unités simples on en ferait une seule, à laquelle on donnerait le nom de *dizaine*; que de dix dizaines on en ferait une seule unité qui se nommerait *centaine*, etc.

Toutes les opérations fondamentales de l'Arithmétique se réduisent à quatre.

1°. L'*Addition* est une opération par laquelle on joint ensemble plusieurs quantités de même espèce et en parties égales, pour en faire un seul nombre que l'on appelle *somme* ou *total*.

EXEMPLE : *Un père doit les trois sommes suivantes, 25 fr., 38 fr. et 53 fr., combien doit-il en tout ? ℞. 116 fr.*

OPÉRATION.
25
38
53
Somme 116 fr.

Je dis : 5 et 8 font 13, et 3 font 16 ; en 16 unités, il y a 1 dizaine et 6 unités ; je pose 6 unités et je retiens une dizaine pour la porter au rang des dizaines ; et la seconde colonne qui est celle des dizaines, je dis 1 de retenu et 2 font 3, et 3 font 6, et 5 font 11 ; en 11 dizaines, il y a 1 centaine et 1 dizaine, je pose 1 au rang des dizaines et j'avance 1 au rang des centaines.

2°. La *Soustraction* est une opération par laquelle on retranche un nombre d'un autre nombre de même espèce, pour connaître de combien le plus grand surpasse le plus petit. Le résultat se nomme *Reste*, *excès* ou *différence*.

EXEMPLE : *Une mère devait 425 fr., elle a payé 213 fr. ; combien doit-elle encore ? ℞. 212 fr.*

OPÉRATION.
425
213
Reste 212 fr.

Je dis : 3 ôtés de 5 reste 2 que je pose dessous, ensuite, 1 ôté de 2 reste 1, que je pose de même ; enfin, 2 ôtés de 4, reste 2. Le reste est donc 212.

3°. La *Multiplication* est une opération par laquelle on répète un nombre que l'on appelle *Multiplicande*, autant de fois que l'unité est contenue dans un autre nombre appelé *Multiplicateur,* pour avoir un résultat qu'on nomme *Produit.*

EXEMPLE : *Un cultivateur a vendu 35 agneaux à 7 fr. chacun ; combien doit-il toucher ?* R). *245 fr.*

OPÉRATION.	Je dis 7 fois 5 font 35,
Multiplicande. 35 Agneaux.	je pose 5 et je retiens 3
Multiplicateur. 7 fr.	qui font 3 dizaines ; en-
	suite, je dis 7 fois 3 font
Produit 245 fr.	21 et 3 de retenus font 24.

4°. La *Division* est une opération par laquelle on cherche combien de fois un nombre, qu'on appelle *Dividende,* en contient un autre qu'on nomme *Diviseur ;* ce combien de fois a pour nom *Quotient.*

EXEMPLE : *Six ouvriers veulent se partager 834 francs ; combien auront-ils chacun ?* R). *139 fr.*

OPÉRATION.	Je dis : en 8 com-
Dividende. 834 / 6 Diviseur.	bien de fois 6, il y est
23	une fois ; je pose 1 au
54 \ 139 Quotient.	quotient, par lequel
0	je multiplie le divi-
	seur ; je dis une fois 6

de 8 reste 2 que je pose au-dessous du 8 ; ensuite j'abaisse le 3 ce qui donne 23 ; alors je dis en 23 combien de fois 6, il y est 3 fois que je pose au quotient, je dis 3 fois 6 font 18 de 23 reste 5 ; enfin, j'abaisse le 4 ce qui fait 54, je dis en 54 combien de fois 6, il y est 9 fois que je pose au quotient, je dis 9 fois 6 font 54 de 54 reste 0.

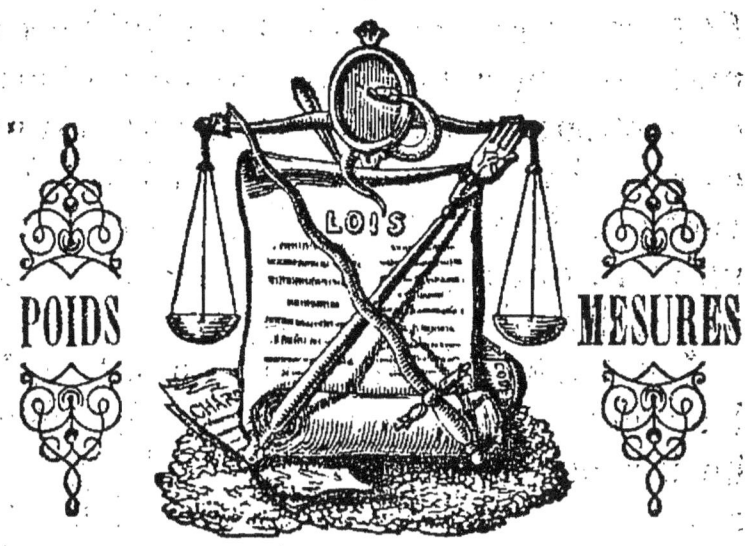

POIDS — MESURES

Le *Mètre* est l'unité fondamentale des Poids et Mesures.

On mesure les Longueurs avec le mètre. Le *décimètre* est dix fois plus petit que le mètre. Le *centimètre* est cent fois plus petit. Le *millimètre* est mille fois plus petit.

Les hommes très-grands ont presque deux mètres de hauteur. Un décimètre est comme la largeur de la main d'un homme. Un centimètre est comme la largeur de la moitié d'un doigt. Dix mètres font un *décamètre*; cent mètres, un *hectomètre*; mille mètres, un *kilomètre*; dix mille mètres, un *myriamètre*.

L'étendue des terrains s'exprime en

hectares, ares, centiares. Un centiare est un carré qui a un mètre de côté et par conséquent un *mètre carré.* Un are est un carré qui a dix mètres de côté; il équivaut à cent mètres carrés. Un hectare est un carré qui a cent mètres de côté, c'est-à-dire dix mille mètres carrés.

Les bûches à brûler ont un mètre de longueur. En les entassant sur un mètre de largeur et de hauteur, on obtient un *stère.* Un *décistère* est la dixième partie du stère. Un *décastère* vaut dix stères.

Une boîte en forme de cube (*), ayant un décimètre de côté, s'appelle *litre.* Un *décalitre* vaut dix litres, un *hectolitre,* cent litres. Le *décilitre* est la dixième partie du litre et le *centilitre,* la centième partie.

Un *gramme* est le poids de l'eau distillée contenue en un cube d'un centimètre de côté. Un dé à coudre ordinaire en renfermerait quatre. *Décagramme* signifie dix grammes, *hectogramme,* cent grammes, et *kilogramme,* mille grammes. *Décigramme* et *centigramme* signifient dixième, centième du gramme. Un litre d'eau pèse mille grammes, ou un *kilogramme.*

(*) Le cube a la forme d'un dé à jouer.

La monnaie se compose par *francs* et *centimes*. Elle comprend des pièces d'or de 100 fr., de 50 fr., de 20 fr., de 10 fr. et de 5 fr. ; des pièces d'argent de 5 fr., de 2 fr., de 1 fr., de 50 c. et de 20 c. Toutes ces pièces contiennent une quantité de cuivre égale à la dixième partie de leur poids. Un franc, en argent, pèse 5 grammes, cent francs, 500 grammes ou un demi-kilogramme. Un sac de 1,000 francs pèse 5 kilogrammes.

Trente-deux pièces de 40 francs et 8 de 20 fr. ; 11 pièces de 40 fr. et 34 de 20 fr. ; 20 pièces de 2 fr. et 20 de 1 fr. ; 19 pièces de 5 fr. et 11 de 2 fr. forment autant de fois la longueur du mètre.

Treize mots forment toute la nomenclature de notre système de Poids et Mesures.

Six pour exprimer les unités principales: *mètre, are, stère, litre, gramme* et *franc.*

Quatre mots multiples : *déca* (10), *hecto* (100), *kilo* (1,000) et *myria* (10,000).

Et trois mots sous-multiples : *déci* (10e), *centi* (100e), et *milli* (1,000^e).

Notre système est appelé *métrique,* parce que c'est du *mètre* que dérivent toutes les autres mesures.

5.

L'Homme a, par l'intelligence et la parole, une supériorité immense sur tous les animaux : il est le roi de la terre.

L'homme a cinq sens qui sont : la *vue*, l'*ouïe*, l'*odorat*, le *goût*, le *toucher*.

Il a deux *yeux* pour voir les objets, deux *mains* pour les toucher, deux *oreilles* pour entendre les sons, un *nez* pour sentir les odeurs, et une *langue* pour goûter les aliments, et pour parler.

Il y a quelque chose dans l'homme que l'on ne peut ni voir ni toucher, et qui règle tous les mouvements du corps : ce quelque chose s'appelle *âme*.

C'est l'âme qui *sent*, *pense*, *raisonne*, *invente*, se *rappelle* les choses passées, et dont la *prévoyance* nous est souvent utile.

DATE DES DÉCOUVERTES LES PLUS INTÉRESSANTES.

	AV. J.-C.
La Boussole chez les Chinois	2600
Le Verre chez les Tyriens	1640
Les Monnaies chez les Lydiens	1500
L'Équerre et le Niveau, à Samos	718
Les Cadrans Solaires, à Milet	520
Les Horloges d'eau chez les Egyptiens	250

	AP. J.-C.
Système astronomique de Ptolémée	140
Les Cloches pour les églises (en Campanie)	400
Les Moulins à vent chez les Arabes	650
L'Eau-de-Vie en Europe	750
L'Imprimerie chez les Chinois	940
Les Chiffres arabes en France	960
Les Notes de Musique (Gui d'Arezzo)	1024
Les Armoiries en Europe	1150
Direction de l'aimant (Roger Bacon)	1260
Les Lunettes, à Pise	1296
La Boussole (Flavio Gioja)	1300
Armes à feu, en France	1338
Cartes à jouer (un Français)	1391
L'Imprimerie en lettres (Guttemberg)	1450
Système du monde de Copernic	1500
Les Pendules (Jean Fromentel)	1662
Les Gaz (Helmont, Rey, Bayle)	1750
Les Aérostats (Montgolfier)	1783
Le Magnétisme animal (Mesmer)	1784
La Vaccine (Jenner, Anglais)	1800

SUPPLÉMENT AU SYLLABAIRE FRANÇAIS.

AVIS SALUTAIRES.

Mon cher Enfant,

CRAINS Dieu, afin qu'il te bénisse et te fasse la grâce de bien apprendre.

Aime et honore ton Papa et ta Maman, qui ont soin de toi et qui fournissent à tes besoins.

Respecte la vieillesse, incline-toi devant ses cheveux blancs.

Sois reconnaissant envers tes maîtres : la tâche d'enseigner la Jeunesse est bien pénible.

Sois doux, poli et honnête envers tout le monde, on t'aimera et l'on t'estimera.

Sois affable et complaisant avec tes amis, ils te chercheront et s'attacheront à toi.

Ne te lie qu'avec des enfants qui ont la crainte de Dieu, qui aiment leur prochain et qui suivent les bons conseils qu'on leur donne.

Évite et plains ceux qui se conduisent mal, mais ne les méprise pas, ils peuvent se corriger.

Sois attentif et appliqué à tes leçons, si tu veux devenir un homme instruit.

Il faut cultiver son esprit pendant la jeunesse.

Une bonne éducation jointe à l'instruction rend la jeunesse aimable et vertueuse.

L'ignorance et la paresse conduisent promptement aux vices.

L'homme laborieux est utile à la société, le paresseux lui est nuisible et dangereux.

L'économie est une qualité, l'avarice conduit au crime.

Mange et bois avec sobriété. La nourriture est destinée à soutenir notre corps, et non point à assouvir notre gourmandise.

La propreté entretient la santé.

La malpropreté engendre beaucoup de maladies.

L'enfant propre et bien soigneux de ses vêtements ajoute à sa beauté.

Celui qui est négligé et sale devient un objet de dégoût.

L'enfant sage écoute et profite de la conversation. Il réfléchit avant de parler.

On doit répondre poliment et clairement aux personnes qui vous adressent la parole.

Le babillard fatigue ceux qui l'écoutent.

Le niais impatiente.

La hardiesse et l'arrogance font mettre à la porte.

La douceur et la complaisance procurent l'amitié et la reconnaissance.

Sois indulgent pour ton prochain et sévère envers toi-même.

La charité est un devoir du chrétien.

Ne repousse pas l'indigence ; tu ne sais pas ce que Dieu te prépare.

L'orgueil dans la prospérité rend l'indigence plus insupportable lorsqu'on a le malheur d'y tomber.

La hauteur est l'apanage du sot et de l'ignorant. Il n'appartient à personne de mépriser son semblable.

Le plus puissant a souvent besoin du petit. Nous dépendons tous les uns des autres.

La bonté attire ; la méchanceté éloigne.

Invoque Dieu matin et soir. Élève ton âme à lui lorsque tu es dans la souffrance.

Ne fais pas à ton semblable ce que tu ne voudrais pas qu'il te fît.

Il ne faut jamais mentir. Un menteur est même plus à craindre qu'un voleur.

Ne parle jamais en mal de personne, car la médisance et la calomnie font souvent des maux irréparables.

La colère, la paresse, et la gourmandise sont trois vices des plus détestables.

Être de mauvaise humeur, boudeur, malpropre et entêté, c'est on ne peut plus méprisable.

Rien n'est plus agréable que la douceur, la modestie, l'honnêteté, la propreté, l'obéissance, la sagesse et la vertu. Il n'est point de véritable beauté sans ces excellentes qualités ; qu'elles soient donc, mon cher Enfant, gravées au fond de ton cœur.

MAXIMES.

L'amour de Dieu et celui du prochain, ne font qu'un.

Le regret d'avoir mal fait n'est rien sans la résolution de s'en corriger.

La bonté rend heureux dans ce monde et promet le bonheur dans l'autre.

La sobriété, l'exercice et la propreté sont les premiers médecins du monde.

Vos aimables parents espèrent que vous apprendrez présentement ce qui vous est nécessaire pendant le cours de votre vie.

Cette vie est pleine d'affaires et d'embarras, qui vous causeront de la peine si vous ne savez bien parler, bien lire et bien écrire. On estime une personne qui sait bien parler, bien lire et bien écrire : on dit qu'elle a reçu une bonne éducation.

Celui qui ne sait point ces choses est regardé comme un être nul. On se moque de celui qui parle mal. Celui qui ne sait point lire est aveugle la moitié du temps. De quoi est-on capable quand on ne sait pas écrire ?

Écoutez avec respect et avec attention ceux qui vous enseignent, ne les attristez point, ne les faites point mettre en colère.

Regardez-les comme des envoyés de Dieu pour vous donner l'éducation souverainement nécessaire, qui est la plus douce consolation des misères de la vie.

MORALE ET CIVILITÉ.

Pour plaire à Dieu, un enfant doit être bien obéissant envers ses parents, écouter avec attention les leçons qu'on lui donne, afin d'être aimé de Dieu et des hommes.

Le respect dû aux parents est le premier des devoirs d'un enfant ; mais il doit aussi respecter les vieillards, et être toujours prêt à obliger ceux qui auront recours à lui.

Les enfants doivent être dociles envers leurs parents et leurs maîtres ; ils doivent leur répondre d'un ton doux et honnête et sans affectation.

L'enfant docile est aimé, et c'est un si grand bonheur que de se faire aimer, qu'on doit tout faire pour y parvenir.

Un enfant doit s'habituer, à se lever de bonne heure ; cette habitude est nécessaire à la santé, et lui promet de grands avantages pour l'avenir.

Il faut s'habiller avec décence, éviter les regards d'autrui, mettre la plus grande propreté dans ses vêtements, et avoir soin de se rincer la bouche, de se laver la figure et les mains avant de sortir ; cela doit se faire par égard pour les personnes avec qui on doit se trouver et pour la santé du corps.

Dans le courant de la journée, l'enfant doit s'occuper de ses devoirs, et bien étudier. Aux heures de récréation, il peut se livrer à ses amusements, jouer avec les autres enfants de son âge, ou avec ses frères et sœurs ; mais il ne doit point se quereller.

On doit se coucher de bonne heure, pour se lever plus matin ; et, avant de se retirer dans sa chambre, un enfant bien né doit embrasser ses parents et ses supérieurs en leur souhaitant une bonne nuit. Il ne doit pas se mettre au lit avant d'avoir adoré Dieu et lui avoir donné son cœur en reconnaissance des bienfaits qu'il a reçus de lui pendant la journée. Il doit mettre autant de décence pour ôter ses habits que pour les prendre.

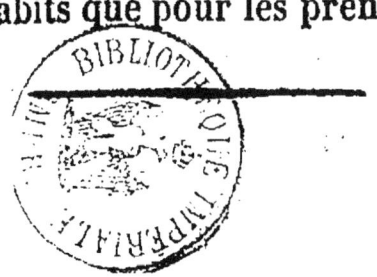

SENTENCES ET DISTIQUES
POUVANT SERVIR D'EXEMPLES D'ÉCRITURES.

―――――――― ⊷ Soyez reconnaissant envers Dieu. ⊶ ――――――――

C'est Dieu qui, chaque jour, soutient notre existence ;
Comment payer ses dons ? — Par la reconnaissance.

―――――――― ⊷ Tout vient de Dieu. ⊶ ――――――――

Dieu donne la sagesse ainsi que la prudence ;
C'est de sa bouche encor que sort toute science.

―――――――― ⊷ On ne peut tromper Dieu. ⊶ ――――――――

Dieu voit tout, est partout, on ne peut le tromper :
A son œil pénétrant rien ne peut échapper.

―――――――― ⊷ Sois aimable et tu seras aimé. ⊶ ――――――――

Sois aimable en ton air, modeste en tes discours,
Et de nombreux amis te chériront toujours.

―――――――― ⊷ Ne mentez pas même pour rire. ⊶ ――――――――

Il ne faut, mes enfants, ni tromper, ni mentir,
Soit pour vous excuser, soit pour vous divertir.

―――――――― ⊷ Soyez toujours sincère. ⊶ ――――――――

Je veux qu'on soit sincère, et qu'en homme d'honneur,
On ne dise aucun mot qui ne parte du cœur.

―――――――― ⊷ Un mot lâché ne revient pas sur les lèvres. ⊶ ――――――――

Sois prompt et diligent dans tout ce que tu fais ;
Mais lorsqu'il faut parler, ne te presse jamais.

―――――――― ⊷ La colère rend l'homme égal à la brute. ⊶ ――――――――

Apprends, dès ta jeunesse, à calmer ton courroux :
La colère est un mal qui ne convient qu'aux fous.

―――――――― ⊷ La distraction rend le travail pénible. ⊶ ――――――――

Veut-on que du travail la peine soit légère :
Il faut être attentif, et ne point se distraire.

―――――――― ⊷ L'oisiveté conduit au mal. ⊶ ――――――――

Enfant, trop de loisir aux vertus est contraire :
Celui qui ne fait rien n'est pas loin de mal faire.

Lecture du Latin.

Dans le latin, toutes les voyelles se prononcent séparément quoiqu'elles ne soient pas accentuées. Les consonnes se font aussi plus fortement sentir que dans le français. On ne rencontre point de lettre muette ni dans l'intérieur ni à la fin des mots.

L'*e* suivi d'une consonne dans la même syllabe, a le son de l'*è* ouvert, comme dans : *Gèntès, sapièntèm, excèlsus*. Dans tout autre cas l'*e* est fermé : *Bénédicité*.

Ch sonne comme *k* : *Charitas, cherubim, brachiis, chorus, Melchisedech*.

Gn sonne dur : *Agnus, cognoscere*, que l'on prononce : *ag-nus, cog-nos-cére*.

Gu sonne comme *gou*, suivi de *a* : *Lingua*.

Qu suivi d'un *a*, sonne *kou* : *Aquarum*; comme *ku*, suivi d'un *e* ou d'un *i* : *Quæ, qui*, et suivi d'un *o*, *u* est nul : *Quoniam*.

S sonne dur quoique placé entre deux voyelles : *Desuper, uxor*, que l'on prononce : *De-çu-pèr, ukçor*. Excepté dans *misericordiam, miserere, pusillis*, et quelques autres mots où *s* se prononce comme *z*. — *S* final sonne dur quoique suivi d'un mot commençant par une voyelle : *Dies iræ, Deus aquo*, et non *Diè ziræ, Déu zaquo*.

Ti sonne presque toujours *ci* lorsqu'il est placé entre deux voyelles dans l'avant-dernière syllabe d'un mot : *Gratias, totius, gentium*.

Um, un sonnent *ome, on* : *Functum, mundum*, que l'on prononce : *Fonctome, mondome*; mais *cuncta* ne sonne pas *concta*.

Amiens. — Typographie de CARON et LAMBERT.

A LA MÊME LIBRAIRIE :

GRAMMAIRE FRANÇAISE de Lhomond, nouvelle édition, enrichie de notes explicatives et de règles nouvelles. Prix, cartonné, 40 c.

EXERCICES ORTHOGRAPHIQUES gradués et calqués, par ordre de numéros, sur les règles et les principes de la nouvelle édition de la *Grammaire française* de Lhomond. Prix, cart. 40 c.

CORRIGÉ DES EXERCICES. Prix, 75 c.

PETIT COURS D'ARITHMÉTIQUE ÉLÉMENTAIRE, en 50 Leçons, contenant 1200 Exercices et Problèmes gradués et variés, sur toutes les opérations ordinaires du calcul. Seconde édition, entièrement refondue et considérablement augmentée. Prix, cartonné, 1 fr.

RÉPONSES ET SOLUTIONS RAISONNÉES des Exercices et des Problèmes du *Petit Cours d'Arithmétique élémentaire*, à l'usage du Maître. Prix, cartonné, 1 fr.

On trouve à la même Librairie, tous les Ouvrages classiques concernant l'Instruction primaire, élémentaire et supérieure, autorisés par le Conseil royal.

LIVRES D'ÉGLISE A L'USAGE DU DIOCÈSE D'AMIENS.

OFFICE DIVIN COMPLET noté en plain-chant, un vol. in-12 de 824 pages. — OFFICE DIVIN COMPLET, latin et latin-français. — DEMI-BRÉVIAIRE. — NOUVEL EUCOLOGE. — NOUVEAU PAROISSIEN. — HEURES à la Jeunesse, et HEURES à la Vieillesse. — ÉTRENNES du Chrétien.

CHOIX DE 500 CANTIQUES, avec un Supplément contenant deux Cantiques pour chaque jour du mois de Marie.

RECUEIL DES PLUS BEAUX AIRS, anciens et nouveaux, dont plusieurs avec accompagnement, pour le *Nouv. Choix de 500 Cantiques d'Amiens*.

www.ingramcontent.com/pod-product-compliance
Lightning Source LLC
LaVergne TN
LVHW050610090426
835512LV00008B/1423